Anmerkung:

Alle unsere „Models" wurden mit großer Begeisterung verkostet, sobald wir sie im Kasten hatten. Sie wurden von unserem Set-Designer gekonnt in Szene gesetzt und von unserem Fotografen kunstvoll eingefangen, sehen aber ansonsten genauso aus, wie sie aus der Küche kamen. Von einer Behandlung mit Sprays, Farben o.ä. wurde gänzlich abgesehen.

IMPRESSUM

Covergestaltung: Hermann Kienesberger
Fotos: Jürgen Bubeck
Text: Isabella Obrist und Nora Frisch
Set-Design: Anton Frisch
Layout, Grafiken und Satz: Hermann Kienesberger
Lektorat: Nora Frisch

Bibliografische Information der Deutschen Nationalbibliothek:
Die Deutsche Nationalbibliothek verzeichnet diese Publikation in der Deutschen Nationalbibliografie; detaillierte bibliografische Daten sind im Internet unter http://dnb.dnb.de abrufbar

© 2020 Drachenhaus Verlag, Esslingen

Gedruckt von Finidr in der Tschechischen Republik auf FSC-Papier

ISBN: 978-3-943314-46-5
Lieferbares Programm und weitere Informationen:
www.drachenhaus-verlag.com
www.facebook.com/drachenhaus

Isabella M. Obrist   Nora Frisch

DAS FÜNF-ELEMENTE FRÜHSTÜCKSBUCH

Schnelle Rezepte für volle Power

DRACHENHAUS VERLAG

INHALTSVERZEICHNIS

Liebe Leserin, lieber Leser,

„Deine Nahrungsmittel seien Deine Heilmittel",
das sagte schon der berühmte griechische Arzt
Hippokrates (360-370 v. Chr.).

Es war im Jahr 1998, während meines zweiten Studienauf-
enthaltes in China, als mich mein damaliger TCM-Lehrer
gemeinsam mit einer kleinen Gruppe von Studenten der
TCM-Universität in Chengdu einlud, eine Reise zu einem
der Klöster am Emei Shan zu unternehmen.

Der Berg Emei (chinesisch 峨嵋山, was „emporragender
Augenbrauen-Berg" bedeutet) gilt als einer der vier heiligen Berge des chinesischen Buddhismus und ist seit mehr
als 1500 Jahren Wallfahrtsort für viele Gläubige. Auf ruhi-
gen Waldwegen gelangt man, wenn man so weit wandern
möchte, auf den Gipfel in 3099 Metern Höhe. Damit ist er
der höchste der vier heiligen buddhistischen Berge Chinas.
1996 wurde er in die Liste des UNESCO-Welterbes aufge-
nommen.

Doch unser Ziel war nicht der Gipfel, sondern eines der
Klöster, das im 9. Jahrhundert n. Chr. auf diesem Berg er-
baut wurde und das berühmt ist für die hervorragenden
Kochkünste der dort lebenden und praktizierenden Mönche. Und wahrlich: was uns aufgetischt wurde, übertraf
sämtliche Erwartungen! Die Speisen waren derart wohl-
schmeckend, dass wir kurzfristig beschlossen, noch länger
als geplant in diesem Kloster zu verweilen, um am nächsten
Morgen auch das dortige Frühstück zu genießen. Was uns
erwartete, war in der Tat ein Powerfrühstück: Zahlreiche
Gänge mit Speisen von vollendetem Geschmack, wunderbar anzusehen, herrlich duftend. Essen als überaus wohl-
schmeckender Energielieferant!

**Der Gipfel des Emei Shan. Schon auch schön – wir zogen aber
zugegebenermaßen das Frühstück der Mönche vor.**

Und bei uns in Europa? Die Traditionelle Chinesische Medizin (TCM) erlebt derzeit im Westen einen ungemeinen Aufschwung. War es zu Beginn hauptsächlich die Akupunktur, die ihre Verbreitung gefunden hat, so ist es nun neben der traditionellen Pharmakologie vor allem das Wissen um die Ernährung nach den Fünf Elementen.

Dieses Wissen besitzt in China sogar eine noch längere Tradition (etwa 2500 Jahre) und nimmt einen größeren Stellenwert ein als die Akupunktur. Ursprünglich war es so, dass ein Arzt bzw. ein Therapeut seinen Klienten zu Beginn Verhaltens- und Ernährungsempfehlungen mitgab und nur, wenn diese nicht den erwünschten Erfolg brachten, wurden weitere Methoden, wie beispielsweise Akupunktur, Kräutertherapie, etc. angewendet.

Das Wissen um die Wirkung verschiedener Nahrungsmittel sowie deren Kombinationen ist in China weit verbreitet. Jedem Nahrungsmittel wird ein Geschmack, ein thermischer Effekt, eine Organzuordnung und eine spezielle Wirkung zugeschrieben. So können Speisen ganz individuell, den Bedürfnissen jedes Einzelnen entsprechend, zubereitet werden.

Wohlschmeckende Rezepte aus lokal und saisonal verfügbaren Lebensmitteln gemäß den Kriterien der TCM zu kreieren, bildet eine überaus sinnvolle Brücke zwischen dem präzisen Wissen der TCM und den wunderbaren, in unserer unmittelbarer Umgebung wachsenden Nahrungsmitteln, welche ja in guter Qualität, kontrolliert, preisgünstig und nachhaltig zu beziehen sind. Wir sind deren Einnahme gewohnt und belasten unsere Umwelt nicht durch zusätzliche lange Transportwege.

Ich freue mich sehr darüber, dass es Isabella M. Obrist, deren so schön gestalteten Ernährungsratgeber „Glücksrezepte - Vegetarische Lebensfreude und Genuss nach den fünf Elementen" ich schon mit großem Interesse lesen durfte, in intensiver Arbeit mit viel freudvollem Engagement gelungen ist, für viele Interessierte das vorliegende „Fünf-Elemente Frühstücksbuch" zu verfassen.

„Wir sind, was wir essen und wir haben die Wahl", schreibt die Autorin auf ihrer Homepage. Und in der Einleitung zu diesem so gelungenen Buch schreibt sie: „Ihrer eigenen Kreativität beim Weiterentwickeln und Verfeinern sind natürlich keine Grenzen gesetzt!"

Möge dieses gelungene Werk mit seinen bemerkenswert kreativen, schmackhaften Rezepten inklusive der witzigen Sprüche die Leser und Leserinnen in ihrem Wunsch nach einem vitalen Leben inspirieren und den Weg zu wahrer Gesundheit bahnen.

Ich wünsche Ihnen viel Freude beim kreativen Kochen und Genießen.

Herzlichst,

Univ.-Lektor Dr. med. Florian Ploberger B. Ac., MA
Wien im Jänner 2020

Guten Morgen!

Wie ich mich auf mein Frühstück freue! Für mich ist das die wichtigste Mahlzeit des Tages. Erst nach einem guten Frühstück habe ich die Energie, die ich brauche, um mich dem Tagwerk zu stellen. Daher nehme ich mir Zeit dafür. Was gibt es Schöneres, als den Tag in aller Geruhsamkeit mit einer köstlichen Mahlzeit – vielleicht sogar an einem schön gedeckten Tisch – zu begrüßen?

Doch leider haben die meisten von uns das Frühstücken „verlernt". Kaum jemand würde auf die Idee kommen, das Abendessen ausfallen zu lassen, doch das Frühstück wird häufig vernachlässigt. Für viele besteht die morgendliche Nahrungsaufnahme oft lediglich aus einer schnellen Semmel und dem Kaffee im Pappbecher auf dem Weg ins Büro. Gleichzeitig beschäftigen sich immer mehr Menschen mit Ernährung, wollen wissen, wie man den Körper entschlackt und entgiftet, wie man Stress und Mangelerscheinungen vorbeugt und möglichst bis ins hohe Alter schlank, fit, vital und gesund bleibt.
Dabei wäre mit einem ausgewogenen Frühstück bereits viel erreicht: Eine gesunde Grundlage am Morgen ist nicht nur essentiell für nachhaltiges Wohlbefinden, sie lässt uns gut gerüstet in den Tag starten, steigert die Konzentration, hilft abzunehmen, bzw. das Gewicht zu halten und unterstützt Kinder bei Wachstum und Entwicklung.

Viele wissen zudem gar nicht, wie vielfältig man die erste Energiespende des Tages, die etwa ein Drittel unseres Tagesbedarfs abdecken sollte, gestalten kann. Das geht weit über Marmeladebrot und Müsli hinaus!
Man muss nicht unbedingt einen Kater zu bekämpfen haben, ein leichtes Kokosmilchsüppchen schmeckt immer und liefert vor allem Sportlern wertvolle Energie, ohne zu belasten! Getreidebreie geben Kraft und versorgen uns langanhaltend mit Nährstoffen, dem Heißhunger auf Zucker wird erfolgreich vorgebeugt. Deftige Wachmacher mit Gewürzen wie Chili oder Ingwer regen Stoffwechsel und Kreislauf an und wirken vor allem in der kalten Jahreszeit angenehm wärmend.

Gönnen wir uns das zusätzliche Viertelstündchen am Morgen, um mit Parnter/in, Kindern, Mitbewohnern, Eltern oder auch ganz für uns und in aller Ruhe bewusst in den Tag zu starten.
Denn das Sprichwort „wie man sich bettet, so liegt man", ist auch auf den Tag übertragbar und könnte in etwa lauten: „Wie man den Tag beginnt, so verläuft er." Negative Emotionen wie Zorn und Aggressionen, aber auch Sorgen, Frust und Depression verbrauchen viel Energie, bzw. blockieren den Energiefluss.
Wir können dem Tagesgeschehen, das vor uns liegt, einen Impuls in die gewünschte Richtung geben, indem wir uns – mental und physisch optimal mit Energie versorgt – positiv darauf einstellen.
Jeder bestimmt selbst, wie er oder sie den Dingen begegnet! Eine gute Energieversorgung verbessert die emotionale Ausgeglichenheit. Auf diese Weise lässt sich vermeiden, dass ärgerliche Geschehnisse und Dinge, die wir nicht ändern können, uns übermäßig beschäftigen und belasten. So schonen wir wertvolle Lebensenergie!

Unser Qi braucht Nahrung

Neben einer positiven Einstellung können wir den Aufbau von Lebensenergie auch durch unsere Ernährungsweise maßgeblich unterstützen. Das chinesische Schriftzeichen für „Qi" besteht aus den Komponenten Reis + Dampf. Es stellt ein in Parzellen geteiltes Reisfeld mit Reiskörnern dar, über dem der Dampf des kochenden Getreides aufsteigt. Dieser Dampf symbolisiert die Veränderung, die das Reiskorn durch die Verbindung von Wasser und Feuer auf seinem Weg zu einem für den menschlichen Körper verwendbaren Nährstoff durchlebt.

米 + 气 = 氣

Das Ideogramm Qi zeigt also, dass die beste Energiequelle für den Menschen im Getreidekorn liegt, bzw. in der Verwandlung aus dessen sehr schwer genießbarem rohen Zustand in den lebenswichtigen, gekochten. Diese Energie, die unserem Körper auf diese Weise zur Verfügung gestellt wird, bildet unsere Lebensbasis.

Wir essen in erster Linie, um die Lebensfunktionen, unsere Vitalität, aufrecht zu erhalten. Wenn die Nahrungszufuhr den täglichen Energiebedarf abdeckt, bleiben unsere Energiereserven weitgehend intakt. Im Notfall können wir kurzerhand darauf zurückgreifen, ohne dass der Körper unmittelbar Schaden erleidet.

Herrscht jedoch längerfristig ein Ungleichgewicht in der Nahrungsaufnahme, sind dauerhaft einige Komponenten übermäßig oder unzureichend vorhanden, leidet die Gesundheit.

Durch eine ausgewogene Ernährung, durch die Wahl des richtigen „Brennstoffs", haben wir die Möglichkeit, unser Lebensprinzip Qi mehrmals täglich zu nähren und es zu erhalten. Nutzen wir dieses Potenzial!

Yin und Yang im Gleichgewicht

Tatsächlich betrachten die chinesischen Mediziner die Nahrungsaufnahme im wahrsten Sinn des Wortes als Zufuhr von Brennstoff. Doch sollte die Zusammensetzung dieses Brennstoffs so ausgewogen wie möglich sein, um ein optimales Ergebnis zu erzielen.

Die Grundlage der chinesischen Ernährungslehre bildet dabei die Vorstellung von den gegensätzlichen, einander ergänzenden Komponenten Yin und Yang. Jedes Lebensmittel wird gemäß seiner Konsistenz und seinem Geschmack als entweder thermisch heiß oder warm (Yang), als neutral, oder als kühl bzw. kalt (Yin) klassifiziert. Während Yin-Elemente von Innen befeuchten und erfrischen, haben Yang-lastige Lebensmittel eine wärmende und austrocknende Wirkung auf den Organismus. Die als neutral eingestuften Lebensmittel stehen zwischen den beiden Polen.

Yin 阴 und Yang 阳: Die beiden Urprinzipien im ewigen Wechsel

Wie bei allen Dingen des Lebens gilt auch beim Essen: Besteht ein harmonisches Gleichgewicht zwischen diesen beiden Urkräften, ist der Mensch gesund. Zu viel Yin im Körper verursacht Stauungen, die zu Ödemen und innerer Kälte führen können, zu viel Yang hingegen erhitzt Körper und Gemüt kann sogar Schlafstörungen und Bluthochdruck zur Folge haben. Ist eines der beiden Extreme im Übergewicht, verursacht dies Unwohlsein und kann auf Dauer krank machen.

Wir sollten also stets für eine Ausgewogenheit zwischen Yin und Yang sorgen, indem wir mittels der Nahrung, die wir zu uns nehmen, innere sowie äußere Temperatureinflüsse austarieren.

Neigt man also beispielsweise zu hitzigen Wutanfällen, ist es angebracht, das mit zuviel Yang belastete Gemüt „abzukühlen", indem man dem körpereigenen Energie- und Temperaturhaushalt mehr Yin zuführt.

Yin-Phänomene wie etwa Antriebslosigkeit, können hingegen durch vermehrt thermisch warme oder heiße Lebensmittel bekämpft werden.

Doch auch den jahreszeitlich bedingten äußeren Gegebenheiten können wir entgegenwirken, indem wir zum Beispiel an heißen Sommertagen einen kühlenden Gurkensalat mit Minze zu uns nehmen, während an kalten Wintertagen wärmende Gewürze wie Ingwer, Zimt, Nelken oder Chili auf dem Speiseplan stehen sollten.

Etwas Warmes in den Bauch!

In China wird gerne das Bild von einem inneren Feuer herangezogen, das – durch den richtigen Brennstoff bestmöglich genährt – idealerweise in der Körpermitte gleichmäßig flackert. Man muss immer darauf achten, dass dieses Feuer weder durch Zufuhr von zu viel Hitze (Yang) zu hoch auflodert und alles verbrennt, noch sollte es durch zu viel kühle Feuchtigkeit (Yin) vom Erlöschen bedroht werden.

Als das wichtigste Verdauungsorgan ist die Milz dafür zuständig, den Mageninhalt in Blut und die Lebensenergie Qi umzuwandeln. Dafür muss sie den Verdauungsbrei aus dem Magen zur Weiterverarbeitung mithilfe der Kraft der Nieren auf Körpertemperatur erwärmen.

Wird die Milz bei dieser energieaufwendigen Arbeit jedoch nicht ausreichend unterstützt, kann sie den Brennstoff, den wir benötigen, um stark und gelassen durch den Tag zu kommen, nur unzureichend zur Verfügung stellen.

Weißbrot, Milchprodukte, Zucker, Zitrusfrüchte oder kalte Getränke kühlen und befeuchten übermäßig. Die Milz muss Schwerarbeit leisten, um das Erwärmen, die Verarbeitung und den Transport der Nahrung zu bewältigen. Verspüren wir nach dem Essen ein Kältegefühl, haben wir zuviel unserer Yang-Reserven, also des Wärmepotentials, aufgebraucht. Das Yin, das die Kälte verursacht, überwiegt, die Brennstoffzufuhr ist beeinträchtigt. Mattigkeit, Blähungen und Heißhunger auf Süßes sind Warnsignale dafür, dass die Milz es nicht mehr schafft, ihren Aufgaben nachzukommen.

Ist das, was wir zu uns nehmen jedoch bereits warm, ist der Energieaufwand wesentlich geringer. Unser Organismus profitiert davon, indem ihm die nicht benötigte Energie anderweitig zur Verfügung steht: Wir sind voller Vitalität und Schaffenskraft, statt uns schlapp und müde zu fühlen. Es empfiehlt sich daher, morgens etwas Warmes, Gekochtes zu sich zu nehmen. In China beispielsweise, nimmt man zum Frühstück gerne leichte Getreidesuppen zu sich – wahlweise mit Fleisch- oder Gemüseeinlage oder süß mit Früchten oder Getreidemilch. Sie belasten den Organismus nicht, sättigen aber langanhaltend, da der Körper das Getreide nur langsam verdaut. Doch ob süß [1] oder salzig, – ob Porridge, lauwarmes Kompott, ein englisches Frühstück mit Baked Beans oder eine asiatische Nudelsuppe, ist letztendlich Geschmackssache.

Harmonie zwischen den fünf Elementen

Seien Sie offen für neue Geschmacksrichtungen und exotische Frühstücksweisen. Sammeln Sie neue kulinarische Erfahrungen! Denn die Voraussetzung für eine ausgewogene Ernährung ist das Vorhandensein aller „Fünf Geschmacksrichtungen":

---

1) Hier ist vor allem die natürliche Süße aus Getreide oder Früchten gemeint!

Alle Dinge und Phänomene auf Erden – und damit auch die diversen Lebensmittel und ihre geschmacklichen Ausrichtungen, – wurden nach daoistischer Auffassung einem der fünf Elemente Holz, Feuer, Erde, Metall und Wasser zugeordnet. Auch die menschlichen Organe und die (nach chinesischer Einteilung fünf) Jahreszeiten wurden auf diese Weise klassifiziert und stehen somit in unmittelbarem Zusammenhang zueinander.

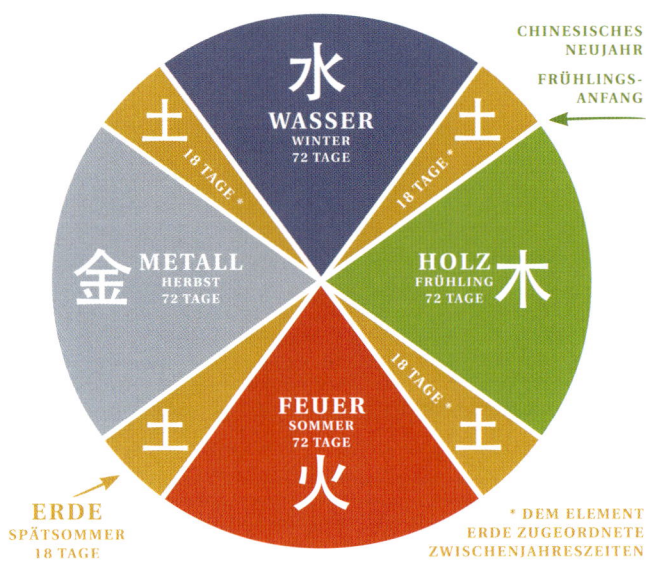

Die fünf Jahreszeiten

Die Zuordnung aller Dinge

木 HOLZ

Frühling, Osten, Morgen, Jupiter, Terz, grün, Wind, Ärger, sehen, wachsend, nach oben strebend, sauer, Zylinder, Leber, Galle

火 FEUER

Sommer, Süden, Mittag, rot, Mars, Quinte, Hitze, Freude, sprechen, warm und aufsteigend, sich ausdehnend, bitter, Pyramide, Herz, Dünndarm

土 ERDE

Spätsommer, Mitte, Nachmittag, gelb, Saturn, Prime, Feuchtigkeit, Mitgefühl, schmecken, hervorbringend, aufnehmend, süß, Quader, Magen, Milz, Bauchspeicheldrüse

金 METALL

Herbst, Westen, Abend, weiß, Venus, Sekunde, Trockenheit, Trauer, riechen, rein, klar, sich zusammenziehend, abweisend, nach unten strebend, scharf, Kuppel, Lunge, Dickdarm

水 WASSER

Winter, Norden, Nacht, schwarzblau, Merkur, Sexte, Kälte, Angst, hören, nährend, befeuchtend, absteigend, salzig, irreguläre Formen, Niere, Blase

Das bedeutet, dass wir zum Beispiel im Frühjahr vermehrt – wenn auch nicht ausschließlich – Lebensmittel, die dem sauren Geschmack zugeordnet sind, zu uns nehmen sollten, um die Arbeit der Leber zu unterstützen. So kann man im Wechsel der Jahreszeiten und der Elemente gezielt einzelne Organe stärken, um gesund zu bleiben.

Die Lehre der Fünf Elemente ist 2500 Jahre alt und hat ihren Ursprung in der chinesischen Philosophie des Daoismus, die die Gesetzmäßigkeiten der Natur zu deuten versuchte. Gemäß dieser Weltsicht unterliegt alles zwischen Himmel und Erde einem fortwährenden dynamischen Wandlungsprozess. Alle Dinge des Universums werden durch die Bewegung und die Interaktion der fünf Elemente Holz, Feuer, Erde, Metall und Wasser hervorgebracht bzw. vernichtet. Das heißt, daß nicht so sehr die stofflichen Eigenschaften des einzelnen Elements selbst von Interesse sind, als vielmehr der Prozess, der durch die Wechselwirkung mit den anderen Elementen in Gang gesetzt wird.

Bei einem gesunden Organismus ist die Wechselwirkung der Elemente produktiv und aufbauend:
Holz lässt Feuer brennen, Asche düngt Erde, Erde bringt Metalle hervor, Metall trägt Wasser, Wasser nährt Holz.

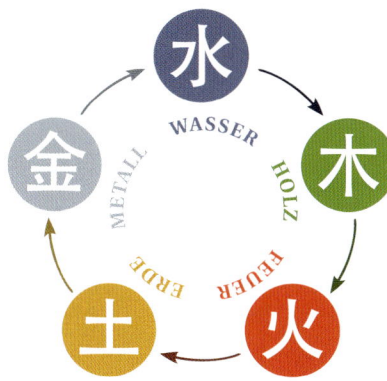

Fehlt aber ein Element in dem Kreislauf, zerstört ein Element das andere:
Wasser löscht Feuer, Feuer schmilzt Metall, Metall spaltet Holz, Holz laugt die Erde aus, Erde dämmt Wasser.

Daher sollte man das ganze Jahr hindurch darauf achten, dem Körper stets eine ausgewogene Mischung an Zutaten aller Elemente zuzuführen, denn nur dann ist die optimale Grundlage für ein harmonisches und im Sinne der Energieversorgung produktives Ganzes gegeben.

Die optimale Frühstückszeit

Sind wir in der Lage, die Bedürfnisse unseres Körpers richtig wahrzunehmen und deuten, werden wir vielleicht ganz von selbst merken, was uns zu welcher Tages- und Jahreszeit guttut. Und wir werden auch die notwendigen Aktiv- und Ruhephasen ganz intuitiv einhalten.
Selbstverständlich können die Organe aber auch aktiv gestärkt und entlastet werden. Dabei hilft es natürlich, wenn man die Möglichkeit hat, sich seinen Tagesablauf so einzuteilen, dass man die „Arbeitszeiten" der Organe berücksichtigen kann.

Die Arbeitszeiten unserer Organe

Diese innere „Organuhr" orientiert sich an der Zeitzone des Längengrads, an dem wir leben. Jedes Organ übernimmt eine bestimmte Aufgabe in unserem Körper. Diese kann es am besten während seiner aktiven Phase erfüllen.

Die Lebensenergie durchströmt unseren Körper auf zwölf Hauptmeridianen, die direkt unter der Hautoberfläche verlaufen. Jeder dieser Hauptmeridiane ist einem Hauptorgan zugeordnet und bildet mit weiteren Organen und Meridianen einen Funktionskreis. Innerhalb von 24 Stunden wird das gesamte Meridiansystem einmal komplett von der Lebensenergie durchflossen. Dabei wird jeder Hauptmeridian und das ihm zugeordnete Organ zwei Stunden lang besonders intensiv mit Energie versorgt. Diese Zeit gilt als die Haupt-Arbeitsphase des jeweiligen Organs.

Die aktivste Zeit des Magens ist demnach zwischen sieben und neun Uhr morgens – die ideale Zeit für ein reichhaltiges, „Powerfrühstück"! Eine warme Suppe oder ein Getreidebrei sind nun optimal, um den Körper mit der notwendigen Energie für den Start in den Tag auszustatten.

Milz und Bauchspeicheldrüse sind zwischen neun und elf Uhr am leistungsfähigsten. Die Milz zieht die Lebensenergie aus der dem Körper mit dem Frühstück zugeführten Nahrung. In dieser Zeit können wir uns besonders gut konzentrieren und es empfiehlt sich, den Körper während dieser Phase der Leistungsbereitschaft nicht mit schwerem Essen zu belasten.

Gegen Abend begibt sich der Verdauungstrakt in den Ruhemodus. Wichtig ist daher, dass die Abendmahlzeit eher dürftig ausfällt, nicht zuletzt, um einen geruhsamen Schlaf zu garantieren. Mit einem üppigen Abendessen belasten wir unseren Körper, anstatt ihn zu unterstützen. Muss die Verdauung nämlich nachts noch arbeiten, können Leber und Galle ihre Funktion als Entgiftungsorgane nicht ausreichend ausüben. Auch macht es wenig Sinn, noch reichlich Energie für den gerade zu Ende gegangenen Tag zu produzieren.

Freuen Sie sich statt dessen schon wieder auf Ihr Frühstück!

Früher Vogel oder Morgenmuffel?

Allerdings sind längst nicht alle Menschen um sieben Uhr morgens bereits fit und startklar. Während manche die Augen aufschlagen und sofort hellwach sind, quälen sich andere Tag für Tag mühsam aus dem Bett.

Welcher Typ wir sind, liegt in unseren Genen. Um Lerchen und Eulen gleichermaßen den Start in den Tag zu erleichtern, haben wir unsere Rezepte so gekennzeichnet, dass jeder – passend zu Charakter und Tagesverfassung – die geeignete Frühstückskreation wählen kann. Ob Genießer, Morgenmuffel oder Sportkanone, hier ist für jeden etwas dabei.

Besonders wichtig war uns auch die Alltagstauglichkeit unserer Rezepte. Daher haben wir für jene, die morgens über weniger Zeit verfügen, angegeben, welche Arbeitsschritte bereits am Vorabend erledigt werden können.

Ihrer eigenen Kreativität beim Weiterentwickeln und Verfeinern sind natürlich keine Grenzen gesetzt! Denn die hier angeführten Rezepte sind lediglich als Vorschläge zu betrachten. Die einzelnen Zutaten können je nach Belieben mengenmäßig verändert oder mithilfe der Tabelle auf den Seiten 68-69 ergänzt, weggelassen oder ersetzt werden.

Wichtig ist, dass die Zutaten stets frisch sind und sorgfältig zubereitet werden. Eine Orientierung an den fünf Elementen hilft dabei, Zutaten möglichst abwechslungsreich und ausgewogen zu kombinieren. Mit etwas Freude am Experimentieren und Ausprobieren ergeben sich daraus zahlreiche neue und interessante Rezepte, ganz auf Ihren individuellen Geschmack und Bedarf abgestimmt!

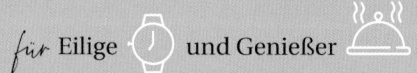

Cremige Apfel-Polenta mit Würzcashews

Zubereitungszeit: 15 Minuten
Mengenangabe: Für 2 große oder 4 kleine Portionen
Zusatzinfo: Belebt die Sinne und hilft dabei, Stress leichter zu bewältigen.

ZUTATEN

35 g Polenta
25 g Haferflocken
170 ml Mandel- oder Reismilch
1 Prise Pfeffer, frisch gemahlen
1 TL Holundersirup
100 ml Apfelmus
50 g Cashewnüsse
1 TL Zimt, gemahlen
1 Prise Salz
Samen einer Kardamomkapsel
1 Handvoll Cranberries
etwas frische Zitronschale, fein gehackt

ZUBEREITUNG

1. Die Milch in einem Kochtopf erwärmen. Pfeffern, die Haferflocken einrühren, salzen und Cranberries und die Zitronenschale dazugeben. Holundersirup hineingießen und die Polenta unter ständigem Rühren einstreuen. Aufkochen lassen und nach etwa einer Minute vom Feuer nehmen.

2. Das Apfelmus unterheben und die Masse in Schälchen füllen.

3. Die Cashewnüsse ohne Öl anrösten, mit Zimt und den Kardamomsamen vermischen und über die Polenta streuen. Lauwarm genießen!

TIPP

Die Zutaten am Vorabend bereitstellen!

*Bin schon weg,
lass es dir schmecken!*

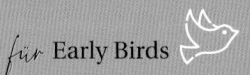

Birchermüsli mit marinierten Marillen

Zubereitungszeit: 20 Minuten
Mengenangabe: 4 Personen
Zusatzinfo: Hilft Körpersäfte zu produzieren, stärkt
unser Immunsystem.

ZUTATEN

Müsli:
1 großer säuerlicher Apfel
500 ml Haselnussmilch
220 g Haferflocken
3 TL Chiasamen
Mark einer halben Vanilleschote
1 TL Lebkuchengewürz
1 Prise Salz
1 Prise Pfeffer
1 EL Holunderblüten- oder Ahornsirup

Marinierte Marillen:
2 Handvoll Rosinen
1 Handvoll Cranberries
1 Handvoll Pekannüsse, gehackt (alternativ: Walnüsse)
5 reife Marillen (Aprikosen)
2 EL Kokosmilch
1 EL Ahornsirup
1 TL Zitronenschale, gerieben
3 Melissenblätter

ZUBEREITUNG

1. Den Apfel waschen und mit der Schale reiben.

2. In einem Topf sämtliche Zutaten für das Müsli
    vermischen, den geriebenen Apfel darunterrühren und
    über Nacht zugedeckt quellen lassen.

3. Für die Garniermasse die Marillen waschen und in kleine
    Würfel schneiden. Die Melissenblätter in feine Streifen
    schneiden und mit den Marillen und den restlichen
    Zutaten gut vermischen. Über Nacht an einem kühlen
    Ort ziehen lassen.

4. Das eingeweichte Müsli am Morgen kurz erwärmen
    (nicht kochen!). In Schüsseln füllen und mit der
    Marillengarnitur belegen.

TIPP

Dazu passt Kokosobers (s. Rezept Mandelwaffeln mit
Kokosobers, Seite 50).

Die Rosen können warten ...

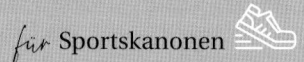

Blaubeer-Scones mit Mandelbutter

Zubereitungszeit: 7 Minuten plus 15 Minuten Backzeit
Mengenangabe: 10-12 Scones
Zusatzinfo: Blaubeeren unterstützen (wie z.B. auch Karotten) unsere Sehkraft

ZUTATEN

Scones:
250 g Dinkelmehl (alternativ: 100 g Dinkel- und 150 g Maismehl)
20 g Zucker (optional)
10 g Backpulver
1 Prise Kreuzkümmel, gemahlen
1 Prise Kurkuma
1 Prise Salz
50 ml Kokos- oder Traubenkernöl
175 ml Hafer- oder Reismilch
55 g Blaubeeren

Mandelbutter:
300 g Mandeln

ZUBEREITUNG

1. Das Rohr auf 200° C vorheizen. 300 g Mandeln in einer feuerfesten Schüssel 8 Minuten lang ohne Öl im Rohr anrösten.

2. In einer großen Schüssel Mehl, Zucker, Kreuzkümmel, Salz, Backpulver und Kurkuma vermischen. Das Öl dazugeben und zu einem mürben Teig verarbeiten.

3. Die Hafermilch und die Blaubeeren dazugeben und vorsichtig einarbeiten.

4. Den Teig mit nassen Händen zu einer Rolle formen. 15 Minuten rasten lassen.

5. Runde Scones formen und auf ein mit Backpapier ausgelegtes Blech legen. 15 Minuten backen.

6. Für die Mandelbutter in der Zwischenzeit die gerösteten Mandeln in einer Küchenmaschine oder mit dem Mörser zerkleinern. Durch das in den Mandeln enthaltene Öl entsteht während des Zerkleinerns die Mandelbutter.

7. Die noch lauwarmen Scones mit der Mandelbutter servieren.

TIPP

Ideal für Naschkatzen, die ab und zu Lust auf Süßes verspüren, ohne zu Schokolade greifen zu wollen!

Chakchouka mit Kichererbsen und Salbei

Zubereitungszeit: 25 Minuten
Mengenangabe: 4 Bärenportionen
Zusatzinfo: Stärkt die Lebensenergie. Ein echter Kraftspender für alle, die schon bei Tagesanbruch loslegen wollen – oder müssen!

ZUTATEN

100 g gekochte Kichererbsen
3 Zwiebeln
3 Paprika (rot, gelb, orange)
1 Knoblauchzehe, gepresst
5 Tomaten
1 EL Majoran
1 EL Paprikapulver
1 Prise Zimt
1 Prise Vanillezucker
½ TL Kreuzkümmel
1 TL Kümmel, ganz
6 EL Olivenöl
Eine Handvoll Salbeiblätter
1 EL Kurkuma, gemahlen
1 TL Salz

Heute einmal bärenstark starten!

ZUBEREITUNG

1. Die Tomaten vierteln (bei Verdauungsproblemen empfiehlt es sich, geschälte Tomaten zu verwenden). Die Zwiebeln und Paprika in mittelbreite Streifen schneiden.

2. Die Zwiebeln in 3 EL Olivenöl glasig anbraten. Zimt, Vanillezucker und den gepressten Knoblauch dazugeben und eine Minute lang weiterrühren.

3. Majoran, Kreuzkümmel, Kümmel, Salz und Tomaten in den Topf geben und 5 Minuten köcheln lassen. Paprikapulver, Kurkuma, Paprikaschoten untermengen, 10 Minuten lang weitköcheln. Die gekochten Kichererbsen dazugeben und alles gut durchmischen.

4. Die Salbeiblätter in einer separaten Pfanne mit 3 EL Olivenöl auf niedriger Flamme anbraten, bis sie knusprig sind.

5. Das Chakchouka auf Teller verteilen und mit den Salbeiblättern garniert servieren.

TIPP

Die Arbeitsschritte 1-3 können am Vorabend erledigt werden. Das Chakchouka am nächsten Tag vorsichtig erwärmen, gleichzeitig die Salbeiblätter anrösten.

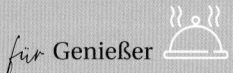

Dorayakis mit Azukibohnenpaste

Zubereitungszeit: 1 Stunde
Mengenangabe: Für 10 Stück
Zusatzinfo: Diese süße Variante eines Rezepts mit Azukibohnen machen unsere Beine leichter, da sie feuchte Hitze ausleiten.

ZUTATEN

Fülle:
80 g Azukibohnen
1 Vanilleschote
400 ml Kokoswasser

Dorayakis:
175 ml Reismilch
1 EL Mandelpüree
1 kleine reife Banane
75 g Dinkelmehl
30 g Zucker (optional)
20 g Reismehl
2 TL Backpulver
1 TL Vanillemark
1 EL Traubenöl
Zucker zum Bestreuen oder Ahornsirup
Öl zum Ausbacken
1 EL Sojasauce

Hier bleib ich erst mal

TIPP

Die Arbeitsschritte 1-4 können bereits am Vortag erledigt werden. Den Teig zugedeckt und kühl (aber nicht im Kühlschrank) aufbewahren.

ZUBEREITUNG

1. Die Azukibohnen mindestens 6 Stunden lang in Wasser einweichen. Anschließend in 300 ml Kokoswasser etwa eine Stunde lang mit der Vanilleschote kochen, bis die Bohnen weich sind.

2. Die gekochten Bohnen durch ein Sieb abgießen. Das Kochwasser auffangen, so es nicht gänzlich verkocht ist. Die Bohnen mit einem Stabmixer zu einem dicken Püree verarbeiten und eventuell noch etwas Kochwasser dazugeben. Die Paste kann entweder ganz glatt püriert oder nur grob gemixt werden, so dass noch Bohnenstückchen erkennbar sind.

3. Für die Dorayakis Reismilch, Mandelpüree, die zerdrückte Banane, Öl und Sojasauce mit dem Mixer zu einer homogenen Masse verrühren.

4. Alle trockenen Zutaten (Mehl, Zucker, Reismehl, Back-pulver, Vanillemark) in eine Schüssel geben, eine Mulde hineindrücken und die flüssige Masse hineingießen. Gut einarbeiten und 5 Minuten rasten lassen.

5. Eine Blini- oder Pfannkuchenpfanne erhitzen und etwas Öl hineinträufeln. (Die Pfanne muss wirklich sehr heiß sein, damit die Pfannkuchen nicht ankleben). Jeweils etwas Teig in die Pfanne geben, ca. 2 Minuten backen, bis er kleine Bläschen wirft, dann wenden und von der anderen Seite schnell fertig backen. Auf einen Teller legen und mit einem feuchten Küchentuch abdecken, bis der ganze Teig verbraucht ist.

6. Jeweils zwei Dorayakis mit der Bohnenpaste zusammenkleben und mit Zucker oder Ahornsirup servieren.

Erdbeer-Panna cotta mit Zitronen-Couscous

Zubereitungszeit: 10-12 Minuten
Mengenangabe: für 4 Portionen
Zusatzinfo: Ein ideales Sommerfrühstück! Erdbeeren stärken die Milz und die Nieren. Sie helfen bei Gicht und steigern die Lebensfreude.

ZUTATEN

Panna cotta:
250 ml Sojacreme
250 ml Vanille-Sojamilch oder Hafermilch
3 EL brauner Zucker
1 TL Agar-Agar

Zitronen-Couscous:
100 g Couscous
Saft von 2 Zitronen
1 Prise Tonkabohne, geraspelt
geriebenene Schale von 1 Zitrone
geriebene Schale von 1/2 Orange
3 EL brauner Zucker
1 Prise Safranfäden
1 Prise Kurkuma
1 Prise schwarzer Pfeffer, frisch gemahlen 50 ml Wasser

250 g frische Erdbeeren und ein paar Minzblätter zum Dekorieren

ZUBEREITUNG

1. 1. Alle Zutaten für das Couscous in einem kleinen Topf geben, aufkochen und 2 Minuten lang köcheln lassen. Beiseite stellen und zugedeckt noch einige Minuten lang quellen lassen.

2. Alle Zutaten für die Panna cotta in einen Kochtopf geben. Unter Rühren aufkochen und 2 Minuten lang auf kleiner Flamme köcheln lassen. Vom Feuer nehmen. Die noch flüssige Panna cotta in eine große oder mehrere kleinere Schüsseln füllen.

3. Die Erbeeren waschen, entstielen und klein schneiden.

4. Nach dem Erkalten das Zitronen-Couscous darauf verteilen und mit den Erdbeeren und ein paar Minzblättern garnieren.

TIPP

Sowohl das Couscous, als auch die Panna cotta können bereits am Vorabend zubereitet werden. Am Morgen nur Schritte 3 und 4 ausführen!

Morgendliches Stelldichein mit mir in meinem Jardin Secret

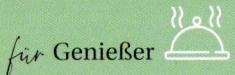

Süßkartoffel-Schokoladenpudding mit Apfelkrokant

Zubereitungszeit: 30 Minuten
Mengenangabe: 4 Personen
Zusatzinfo: Stärkt Qi und Milz, bekömmlich und köstlich. Wunschlos glücklich in den Tag!

ZUTATEN

Süsskartoffel-Schokopudding:
230 g Süßkartoffeln (alternativ: ein Hokkaidokürbis)
50 ml Ahornsirup
55 g Mandelbutter (Rezept s. S. 22)
75 ml Kokosmilch
Mark einer halben Vanilleschote
10 Basilikumblätter
2 TL Zitronenschale, gerieben
6 TL Kakaopulver
1 Prise Salz
1 Prise Pfeffer

Apfelkrokant:
1 großer Apfel
50 g Buchweizen
1 Handvoll Walnüsse
1 EL Ahornsirup
Saft einer halben Zitrone

Diesen Morgen hast du
mir gründlich versüßt!

ZUBEREITUNG

1. Die Süßkartoffeln im Rohr bei 180° C backen oder im Dampfgarer weich kochen. Schälen. (Den Kürbis gut abbürsten und im Ofen ungeschält weich garen.)

2. Das abgekühlte Fruchtfleisch mit Vanillemark, Ahornsirup, Mandelbutter, Kokosmilch, Kakaopulver, Basilikum, Pfeffer, Salz und Zitronenschale pürieren. Eventuell noch etwas Kokosmilch zufügen, um die Masse cremig zu machen. (Während des Abkühlens verfestigt sie sich auch noch).

3. Für den Apfelkrokant den (ungeschälten) Apfel waschen, entkernen und in mundgerechte Stücke schneiden. Mit dem Zitronensaft beträufeln und beiseite stellen.

4. Die Walnüsse in kleine Stücke brechen, mit dem Buchweizen in einer Pfanne ohne Öl anrösten und mit den Apfelstückchen vermischen. Den Ahornsirup darübergießen und alles gut verrühren.

5. Den Pudding in kleine Schüsseln oder Gläser füllen und mit dem Krokant bedecken.

TIPP

Der Pudding kann schon komplett am Vortag vorbereitet werden. Eventuell am Morgen im Rohr auf lauwarme Temperatur erwärmen.

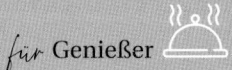
Gebratene Pfirsiche mit Tapiokacreme und Pistazien

Zubereitungszeit: 25 Minuten
Mengenangabe: Für 4 Personen
Zusatzinfo: Pfirsiche haben eine wärmende Qualität,
durch das Anbraten werden sie noch leichter
verdaulich.

ZUTATEN

Pfirsiche:
4 Pfirsiche
2 EL Ahornsirup
einige Stängel frischer Thymian
1 Handvoll Pistazienkerne, grob zerstoßen

Tapiokacreme:
50 g Tapiokaperlen
150 ml Reismilch
1 Dose (400 ml) Kokosmilch
1 Prise Pfeffer
1 Prise Muskatnuss
1 Prise Salz

ZUBEREITUNG

1. Das Rohr auf 180° C vorheizen. Die Pfirsiche in zwei
   Hälften zerteilen, den Kern entfernen und in eine
   feuerfeste Form legen.

2. Mit dem Ahornsirup beträufeln und je einen Stängel
   Thymian darauflegen. 20 Minuten lang braten.

3. Für die Tapiokacreme Reismilch, Kokosmilch, Pfeffer,
   Muskatnuss und Salz in einem Topf aufkochen. Die
   Tapiokaperlen einstreuen und auf kleiner Flamme etwa
   15 Minuten lang köcheln lassen, dabei öfters umrühren.
   Sobald die Tapiokaperlen transparent und bissfest sind,
   vom Feuer nehmen.

4. Die Tapiokacreme in die gebratenen Pfirsichhälften
   füllen, mit Rosmarin und Pistazienkernen dekorieren
   und lauwarm genießen.

TIPP

Sollten Sie morgens wenig Zeit haben, bereiten Sie
die Tapiokacreme bereits am Vorabend zu. Auch die
Pfirsichhälften können Sie vorbereiten: Am Abend
10 Minuten lang anbraten, am Morgen mit der Tapiokacreme füllen und nochmals für 10 Minuten ins heiße Rohr
schieben.

*Frisches Frühstück
für freche Früchtchen*

Seidentofu-Birnencreme

Zubereitungszeit: 10 Minuten
Mengenangabe: 4 Personen
Zusatzinfo: Erfrischt und kühlt an warmen
Sommermorgen!

ZUTATEN

2 saftige Birnen
200 g Seidentofu
1 TL Ahornsirup
1 Prise Tonkabohne, geraspelt
(alternativ: Muskatnuss)
Saft einer halben Zitrone
1 TL Zitronenschale, gerieben
1 Prise Pfeffer
1 Prise Salz
1 Handvoll Kürbiskerne
1 Handvoll Brombeeren

ZUBEREITUNG

1. Die Kürbiskerne ohne Öl anrösten, bis sie zu duften beginnen. Beiseite stellen.

2. Die Birnen schälen, entkernen und mit Ahornsirup, Pfeffer, Seidentofu, Salz und Zitronensaft im Mixer pürieren.

3. Die Tonkabohnen über das Püree raspeln und die geriebene Zitronenschale unterheben.

4. Vor dem Servieren mit den gewaschenen Brombeeren und den gerösteten Kürbiskernen bestreuen.

TIPP

Leicht und luftig macht diese Creme jedem Joghurt als vegane Variante Konkurrenz. Ideal auch als Dessert!

Nach dem Sonnengruß

Kaffeeshake

Zubereitungszeit: 3 Minuten
Mengenangabe: 3-4 Portionen
Zusatzinfo: Die Banane (thermisch kalt) wird durch Chilipulver, Kurkuma, und Kardamom „erwärmt". Diese Kombination entlässt uns mit Schwung und Dynamik in den Tag!

ZUTATEN

2 Bananen
500 ml Haselnussmilch (alternativ Hafermilch)
1 starker Espresso (ca. 60 ml)
2 EL Kakao
1 Prise Pfeffer
1 Prise Chillipulver
1 kleine Prise Muskatnuss
1 kleine Prise Kurkuma
3 Kardamomsamen, im Mörser zerstampft
1 TL Chiasamen

ZUBEREITUNG

Alle Zutaten gut verrühren und einige Minuten quellen lassen. Im Standmixer pürieren, in Gläser füllen und als Wachmacher genießen!

TIPP

Der Espresso kann, je nach Belieben, auch durch Getreide- oder Malzkaffee ersetzt werden

Es kann losgehen!

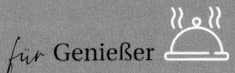

Kamutsalzstangerl mit Rote-Rüben-Aufstrich

Zubereitungszeit: ca. 1 Stunde
Mengenangabe: Für ca. 10 Salzstangerl
Zusatzinfo: Kamut ist ein Urgetreide mit hohem Proteinanteil. Es unterstützt den Aufbau von Lebensenergie, kräftigt Haare und Nägel und beruhigt den Geist.

ZUTATEN

Salzstangerl:
500 g Kamutmehl
25 g Frischhefe
1 Prise Zucker
1 Prise Kurkuma
300 ml lauwarmes Wasser
100 ml Sesamöl (alternativ: Olivenöl)
12 g Salz
Etwas grobes Meersalz und Kümmel zum Bestreuen

Für den Rote-Rüben-Aufstrich:
70 g Walnüsse
1 TL Koriandersamen
1 Prise Kümmelsamen
200 g rote Rüben, gekocht
1 EL Tahina (Sesampaste)
1 Knoblauchzehe (optional)
1 Prise Salz
Saft einer Zitrone
2 EL Olivenöl
Pfeffer aus der Mühle
1 EL Hafercreme (optional)

Gut geerdet in den Tag!

ZUBEREITUNG SALZSTANGERL

1. In einer großen Schüssel die Hefe in dem Wasser auflösen. Kurkuma und Zucker einrühren und 2 Minuten stehen lassen.

2. Mehl, Öl und Salz dazugeben und die Zutaten zunächst mit einem Holzlöffel gut durchmischen und anschließend mit den Händen zu einem geschmeidigen Teig kneten.

3. Mit einem sauberen Tuch zudecken und bei Zimmertemperatur 30 Minuten gehen lassen.

4. Wenn es schnell gehen muss, den Teig nach der ersten Ruhephase wie folgt verarbeiten: Stangerl formen, mit Wasser bepinseln, mit Salz und Kümmel bestreuen. 25 Minuten bei 180° C knusprig braun backen. Steht mehr Zeit zur Verfügung, den Teig nochmals durchkneten und vor dem Verarbeiten weitere 30 Minuten gehen lassen.

ZUBEREITUNG ROTE-RÜBEN-AUFSTRICH

1. Die Walnüsse, Koriander- und Kümmelsamen in einer Pfanne oder im Rohr ohne Öl anrösten, bis sie zu duften beginnen.

2. Die angerösteten Nüsse und Samen mit den restlichen Zutaten mit einem Stabmixer pürieren und zu den ofenfrischen Salzstangerln servieren.

TIPP

Teig und Aufstrich schon am Vortag zubereiten! Ideal als Pausenbrot für die Schule.

Karotten-Orangen-Halva

Zubereitungszeit: 20 Minuten
Mengenangabe: 8 Portionen
Zusatzinfo: Sorgt für Lebensenergie. Ideal für einen dynamischen Start in die Woche.

ZUTATEN

55 g feiner Grieß
1 TL Ingwer, gerieben
2 EL Kokos-oder Traubenöl
2 große (oder 3 kleine) Karotten, fein geraspelt
3 TL brauner Zucker (optional)
400 ml Reismilch (oder Hafermilch für weniger Süße)
1 Kapsel Kardamom
1 Prise Salz
1 Prise Lebkuchengewürz
65 g Rosinen (alternativ können auch getrocknete Aronia- oder Heidelbeeren dazugemischt werden)
Eine halbe Vanilleschote
30 g Pistazien, gerieben
Schale einer halben Zitrone, gerieben
Schale einer halben Orange, gerieben
Saft von 2 Orangen

Für Frühe Vögel,
die keine Würmer mögen …

ZUBEREITUNG

1. Öl in einem Topf erhitzen. Die geriebenen Karotten dazugeben und 2 Minuten anbraten. Zucker dazugeben und ca. eine Minute lang vorsichtig karamellisieren. Den geriebenen Ingwer hinzufügen und eine weitere Minute köcheln lassen. Vom Feuer nehmen und beiseite stellen.

2. Die Pflanzenmilch in einen Topf gießen, die aufgeschnittene Vanilleschote und die Rosinen-Beeren-Mischung dazugeben. Die Kardamomkapsel etwas öffnen, und mit dem Lebkuchengewürz und dem Salz, der Zitronen- und der Orangenschale ebenfalls in den Topf geben. Zuletzt noch den Orangensaft dazu gießen. Während die Flüssigkeit aufkocht, den Grieß unter ständigem Rühren einstreuen. 2 Minuten auf kleiner Flamme köcheln lassen.

3. Die Kardamomkapsel entfernen und die Karotten-Mischung unter den Grieß heben.

4. In Schälchen füllen und sofort servieren oder auf ein Blech streichen, etwas auskühlen lassen und in kleine Rechtecke schneiden.
Mit den geriebenen Pistazien bestreut servieren.

TIPP

Kann komplett am Vortag vorbereitet und für 2-3 Tage im Kühlschrank aufbewahrt werden. Bei Bedarf im Rohr etwas aufwärmen.

Körner-Knäcke mit Avocadocreme

Zubereitungszeit: 55 Minuten
Mengenangabe: für einen mittelgrossen Brotfladen
Zusatzinfo: Kürbis- und Sonnenblumenkerne bringen unsere Lebensenergie zum Fließen und kräftigen sie. Gleichzeitig werden Muskeln und Bindegewebe gestärkt.

ZUTATEN

Körner-Knäcke:
63 g Kürbiskerne
63 g Sonnenblumenkerne
70 g Chiasamen
50 g Sesamkörner (hell oder dunkel)
2 Prisen Meersalz
1 Prise Zatar (Gewürzmischung z.B. aus Oregano, Thymian, Majoran, Kumin, Bohnenkraut...)
1 Prise Kümmel
120 ml Wasser
1 Prise Thymian zum Bestreuen
1 Prise Brotgewürz zum Bestreuen

Avocodocreme:
1 reife Avocado
½ Limette oder Zitrone
1 Handvoll Dill, gehackt
1 Handvoll Petersilie, gehackt
1 Prise Salz
Pfeffer aus der Mühle

Die 20 km-Marke ist geknackt!

ZUBEREITUNG

1. Den Ofen auf 150° C vorheizen. Ein Backblech mit Backpapier auslegen.

2. In einer großen Schüssel die Chiasamen, Sonnenblumenkerne, Kürbiskerne und Sesamkörner vermischen, Kümmel, Zatar, Salz und das Wasser dazugeben. Nochmals gut verrühren und ca. 2 Minuten quellen lassen, bis die Körner das Wasser aufgesaugt haben.

3. Mit der Hand oder einem Spachtel den Teig gleichmäßig auf dem Backpapier verteilen. Mit Thymian und Brotgewürz bestreuen und etwa 30 Minuten backen.

4. Aus dem Rohr nehmen, das Backblech um 180° drehen und weitere 20 Minuten backen.

5. In der Zwischenzeit die Avocadocreme zubreiten: Das Fruchtfleisch mit einer Gabel zerdrücken und mit den restlichen Zutaten vermischen.

6. Das Knäckebrot aus dem Ofen nehmen, auskühlen lassen und in Stücke brechen. Mit der Avocadocreme servieren.

TIPP

Das Knäckebrot kann bereits am Vortag gebacken werden. Am Morgen nur noch die Avocadocreme zubereiten. In luftdichten Dosen aufbewahrt, bleibt das Knäckebrot bis zu 2 Wochen frisch.

Müsliriegel mit Ahornsirup

Zubereitungszeit: 30 Minuten, plus Zeit zum Auskühlen
Mengenangabe: für ca. 18 Müsliriegel
Zusatzinfo: Unsere Milz profitiert von der natürlichen Süße. Durch den hohen Anteil an Kohlehydraten sind diese Müsliriegel schnelle Energiespender, ideal für sportliche Tätigkeiten!

ZUTATEN

200 g Reisflocken
80 g Cashewnüsse, grob zerhackt
2 EL Kokosraspeln
20 g helle Sesamsamen
30 g Kürbiskerne
100 g Cranberries
1 Prise Zimt
1 Prise Ingwer
2 EL Traubenöl
100 ml Ahornsirup
100 g ungesüsste Erdnuss- oder Cashewnussbutter

ZUBEREITUNG

1. Das Backrohr auf 180° C vorheizen. Eine ofenfeste Form (ca. 25 x 25cm) mit Backpapier auslegen.

2. Alle trockenen Zutaten in einer großen Schüssel vermischen.

3. Das Traubenöl mit der Erdnussbutter und dem Ahornsirup langsam erwärmen, bis die Mischung flüssig ist und eine seidige Konsistenz annimmt.

4. Die trockenen Zutaten unterrühren und die Masse in die Form füllen. 20-25 Minuten lang backen.

5. Aus dem Ofen nehmen und abkühlen lassen. Die Müsliriegel härten durch das Abkühlen aus. In handliche Stücke schneiden oder brechen.

TIPP

Kann ein paar Tage im Voraus zubereitet werden. Die Müsliriegel sind in einer Dose bis zu 14 Tage haltbar.

Die kurze Ruhe vor dem Gipfelsturm

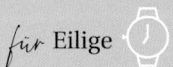
Mandelgrieß mit Dörrkirschen

Zubereitungszeit: 8 Minuten
Mengenangabe: für 4 Portionen
Zusatzinfo: Ein Rezept, das stärkt und beruhigt.
Ein perfekter Start in einen Tag, an dem viel
Konzentration gefordert ist!

ZUTATEN

375 ml Mandelmilch
(kann durch jede andere Getreidemilch ersetzt werden)
1 EL Mandelpüree
Eine halbe Vanilleschote
70 g Dinkelgrieß, grob
1 Prise Zitronenschale, gerieben
Schale einer halben Orange, fein gerieben
1 Prise Muskatnuss
1 Prise Pfeffer
1 Prise Salz
1 TL Chiasamen
35 ml Ahornsirup (optional)
1 Handvoll Dörrkirschen, je nach Geschmack auch
mehr

ZUBEREITUNG

1. Das Mandelpüree und die Mandelmilch in einen Topf
   geben und mit dem Schneebesen gut aufschlagen.
   Vanillemark und -schote, Muskatnuss, Pfeffer und Salz
   dazugeben und kurz aufkochen.

2. Dinkelgrieß und Zitronenschale unter ständigem Rühren
   einstreuen. Chiasamen und Kirschen dazugeben und
   3 Minuten lang köcheln lassen. Öfter umrühren.

3. Vom Feuer nehmen, die Orangenschale und den
   Ahornsirup einrühren, in Schälchen füllen und freudig
   in den Tag starten!

TIPP

Anstelle der Dörrkirschen kann auch jedes andere Dörrobst
verwendet werden!

Oma, dürfen wir endlich anfangen?

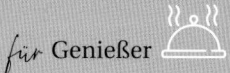

Mandelwaffeln mit Kokosobers

Zubereitungszeit: 30 Minuten
Mengenangabe: für 6-8 Waffeln
Zusatzinfo: Das perfekte Rezept, um gleichzeitig
Körper und Geist etwas Gutes zu tun: Steigert die
Lebensfreude und stärkt die Mitte.

ZUTATEN

Waffeln:
3 EL Traubenöl
3 EL Mandelpüree
50 g brauner Zucker
1 Prise Muskatnuss
250 ml Kokosmilch
10 g Backpulver
190 g Dinkelmehl
1/2 TL Orangenblütenwasser
(alternativ: 1 TL Vanilleextrakt)
1 Prise Pfeffer, frisch gemahlen
1 Prise Salz
1 EL Orangenschale, gerieben
1 EL Zitronenschale, gerieben

Kokosobers:
1 Dose Kokosmilch
1 Handvoll grober Kokosflocken

ZUBEREITUNG

1. Die Dose Kokosmilch und eine Rührschüssel mindestens
   24 Stunden lang im Kühschrank kalt stellen.

2. Für den Waffelteig mit dem Schneebesen Öl,
   Mandelpüree und Zucker aufschlagen. Die Milch
   dazugießen und alles zu einem geschmeidigen Teig
   verrühren.

3. Das Mehl einstreuen, Muskatnuss, Pfeffer und
   Salz beimengen. Nochmals gut aufschlagen.
   Backpulver, Zitronen- und Orangenschale und das
   Orangenblütenwasser unterrühren.

4. Den Teig einige Minuten (oder über Nacht) in einem
   kühlen Raum stehen lassen.

5. Den Teig in einem geölten Waffeleisen zu knusprigen
   Waffeln backen. Je nach Geschmack mit Zucker und Zimt
   bestreuen und noch heiß mit dem Kokosobers servieren.

6. Für das Kokosobers den festen Teil der Kokosmilch in
   der gekühlten Schüssel einige Minuten lang aufschlagen.
   Die flüssige Kokosmilch dazugeben und weiterrühren.
   Mit Kokosflocken dekorieren.

TIPP

Die Arbeitsschritte 1-4 schon am Vorabend vorbereiten!

*Auf die Waffeln,
fertig, los!*

Pikantes Kokosmilch-Gemüsesüppchen

Zubereitungszeit: 15 Minuten
Mengenangabe: 3-4 Personen
Zusatzinfo: Ideal nach einer durchfeierten Nacht! Hilft die leeren Mineralstoffspeicher wieder aufzufüllen.

ZUTATEN

2 Frühlingszwiebeln inklusive Grün
1 kleine Lauchstange
1 TL Zitronenschale, gerieben
1 EL Zitronensaft
1 TL Ingwer, gerieben
1 Prise Kurkuma
1 Prise Paprikapulver
400 ml Kokosmilch
200 ml Wasser
Salz, Pfeffer,
1 Stück Wakame Alge, ca. 3 cm
(alternativ: Algenflocken)
1 Knoblauchzehe, ganz
2 Champignons
1 Handvoll Basilikumblätter
etwas frischer Majoran
1 EL Olivenöl

ZUBEREITUNG

1. Lauch und Frühlingszwiebeln waschen, den grünen Teil abtrennen und in 2 cm breite Streifen schneiden. Den weißen Teil fein hacken. Beiseite stellen.

2. Die Champignons sauber putzen und in dünne Blättchen schneiden.

3. In einem Suppentopf Olivenöl erhitzen, Zwiebeln und Lauch einige Minuten lang anschwitzen, Ingwer dazugeben und eine Minute weiterrühren. Die Alge und das kalte Wasser dazugeben. Mit Zitronensaft, Paprika und Kurkuma würzen, mit Kokosmilch aufgießen, die Champignons und die Knoblauchzehe dazugeben. Pfeffern, salzen und 5 Minuten köcheln lassen.

4. Vor dem Servieren mit Basilikum und Majoran abschmecken.

TIPP

Kann am Vorabend – am besten schon vor der Party – zubereitet werden, am Morgen nur noch aufwärmen.

War lustig gestern ... :-)

Quinoa-Muffins mit blitzschnellem Himbeerkoch

Zubereitungszeit: 45 Minuten
Mengenangabe: Für 10-12 Muffins
Zusatzinfo: Das glutenfreie Quinoa ist eine hochwertige pflanzliche Eiweißquelle, liefert Energie und reinigt das Blut. Ein echter Muntermacher!

ZUTATEN

Muffins:
200 ml Vanille-Sojamilch, oder Hafermilch
1 TL Chiasamen
70 ml Traubenöl
50 ml Holunderblütensirup
130 g Mehl
60 g Walnüsse, gemahlen
½ TL Zimt
½ TL Kardamomsamen, gemahlen
1 Handvoll Cranberries
1 Prise Pfeffer, frisch gemahlen
1 Prise Salz
160 g Quinoa, gekocht
1½ EL Backpulver

Himbeerkoch:
500 g Himbeeren frisch oder tiefgekühlt
50 ml Ahornsirup
2 EL (ca. 30 g) Chiasamen
Mark einer halben Vanilleschote
1 TL Zitronenschale, gerieben

Angeblich hat sie ja einen Neuen ...

ZUBEREITUNG

1. Backrohr auf 180° C vorheizen.

2. 12 Muffinförmchen mit Öl auspinseln

3. In einer Glasschüssel Chiasamen, Holunderblütensirup und Milch verrühren, 2 Minuten quellen lassen und dann das Öl dazugeben. Gut durchmischen.

4. In einer weiteren Schüssel Mehl, Nüsse, Zimt, Kardamom, Pfeffer, Salz, Backpulver, Cranberries und die gekochte Quinoa verrühren. Die Milch-Chiamischung vorsichtig unterheben und kurz und kräftig durchrühren. (Nicht zu lange, sonst werden die Muffins trocken!)

5. Die Masse in Muffinformen geben und ca. 20 Minuten backen. Anstechen, um die innere Festigkeit zu testen.

6. Während die Muffins im Ofen sind, das Himbeerkoch zubereiten: Beeren und Ahornsirup in einem Topf verrühren, aufkochen und 5 Minuten köcheln lassen. Vom Feuer nehmen, die Himbeeren mit einer Gabel grob zerdrücken oder mit dem Stabmixer pürieren.

7. Die Chiasamen dazugeben und weitere 8 Minuten köcheln lassen, regelmäßig umrühren. Zitronenschale und Vanillemark unterheben.

8. Etwas abkühlen lassen und mit den Muffins servieren.

TIPP

In einem luftdichten Glasbehälter im Kühlschrank aufbewahrt, hält das Himbeerkoch etwa 2 Wochen lang frisch!

Rote Linsen-Taler mit Karottenpesto

Zubereitungszeit: 20 Minuten plus 20 Minuten Ruhezeit für den Teig
Mengenangabe: 4 Personen
Zusatzinfo: Rote Linsen stärken insbesondere die Nieren. Die Beigabe von Kräutern und Gewürzen machen sie leicht bekömmlich.

ZUTATEN

Linsentaler:
200 g rote Linsen (Korallenlinsen)
250 ml Mandelmilch
1 TL Lebkuchengewürz
1 TL Kurkuma
1 TL grobes Meeressalz
Schale einer halben Zitrone, gerieben
1 Prise Pfeffer
1 Handvoll frischer Kräuter (Petersilie, Basilikum, Salbei, usw.)
etwas Öl zum Ausbacken

Karottenpesto:
2 Karotten
1 Prise Kurkuma
3 EL Sojacreme
3 EL Leinsamen
2 EL Sesamöl
Salz
Pfeffer
1 EL Zitronensaft

ZUBEREITUNG

1. Die Linsen in einer Mühle oder einem Mixer zu grobem Mehl mahlen. Mit Mandelmilch verrühren und mit Pfeffer, Lebkuchengewürz, Salz, Zitronenschale, Kräutern und Kurkuma würzen. Eine halbe Stunde lang oder über Nacht ruhen lassen.

2. In der Zwischenzeit die Karotten bürsten, reiben, und mit der Sojacreme, dem Sesamöl und den Leinsamen vermischen. Pfeffern und salzen. Zuletzt Zitronensaft und Kurkuma unterrühren.

3. Aus der Linsenmischung handtellergroße, flache Taler formen und in einer Pfanne mit etwas Öl ausbacken. Sofort mit dem Karottenpesto servieren.

TIPP

Teig und Karottenpesto können am Vortag zubereitet werden, am Morgen nur die Linsentaler ausbacken.

Kleine Stärkung zwischen Wurzelziehen und Unkraut jäten

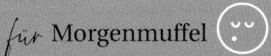

Schwarzer Milchreis mit Maulbeeren und Himbeersmoothie

Zubereitungszeit: 40 Minuten
Mengenangabe: Für 2-3 Portionen
Zusatzinfo: Schwarzer Reis ist ein Antioxidans mit
natürlichen Ballaststoffen und hohem Proteingehalt.
Im alten China wurde er der „Verbotene Reis" genannt,
da er dem Kaiser und seiner Familie vorbehalten war.

ZUTATEN

Schwarzer Milchreis:
100 g schwarzer Reis
400 ml Reismilch
½ Zimtstange
1 Handvoll Maulbeeren (frisch oder getrocknet)
1 Prise Pfeffer
1 Prise Muskatnuss

Himbeersmoothie:
300 g frische Himbeeren
1 EL Holunderblütensirup
1 kleine Banane
300 ml Hafermilch

ZUBEREITUNG

1. Den über Nacht eingeweichten Reis abgießen und mit
der Zimtstange und dem Pfeffer ca. 30 Minuten auf
kleiner Flamme in der Reismilch weichkochen.

2. Maulbeeren und Muskatnuss dazugeben und weitere
5 Minuten köcheln lassen. Anschließend zugedeckt
5 Minuten ausquellen lassen.

3. Für das Himbeersmoothie alle Zutaten in einem
Standmixer fein pürieren.

TIPP

Schritt 1 kann bereits am Vortag erledigt werden.
Für das Himbeersmoothie die Zutaten schon einmal
im Mixer bereit stellen!

Es muss nicht immer Kaviar sein!

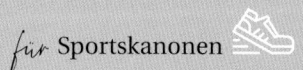

Scrambled Tofu

Zubereitungszeit: 20 Minuten
Mengenangabe: 4 Personen
Zusatzinfo: Eine köstliche Alternative zu Rührei.
Ein durch wärmende und kühlende Zutaten
ausgewogenes Frühstück mit ansprechenden
Farben für einen inspirierten Start in den Tag.

ZUTATEN

1 Frühlingszwiebel (mit Grün)
½ rote Paprika
5 Champignons
200 g Tofu natur
1 große Prise Kurkuma
1 große Prise Paprika
2 EL Bierhefe
70 ml Hafermilch
1 TL grobes Salz
1 Prise Kreuzkümmel
Pfeffer
3 EL Wasser
1 EL Sojasauce
2 EL Olivenöl
1 EL Zitronensaft
5 Blätter Basilikum

ZUBEREITUNG

1. Die Zwiebel samt dem grünen Teil klein schneiden.
   Die Champignons bürsten und in Scheiben schneiden.
   Die Paprikaschote waschen und in kleine Stücke
   schneiden. Die Basilikumblätter waschen und in kleine
   Stücke reißen.

2. Olivenöl in einer Bratpfanne erhitzen und die Zwiebel
   darin 3 Minuten glasig andünsten. Die Paprikaschote
   und die Champignons dazugeben und weitere 3 Minuten
   braten. Pfeffer, Kreuzkümmel und Salz dazugeben und
   gut unterrühren.

3. Den Tofu mit der Hand zerbröckeln und darüberstreuen,
   1 Minute weiterbraten.

4. Mit Wasser und Sojasauce ablöschen, Zitronensaft,
   Bierhefe, Kurkuma, Paprika und die Hafermilch
   dazugeben. 2 Minuten auf mittlerer Flamme
   weiterrühren.

5. Vom Feuer nehmen und mit dem Basilikum bestreuen.

TIPP

Der Scrambled Tofu kann komplett am Vorabend vorbereitet
werden. Nach dem Abkühlen über Nacht im Kühlschrank
aufbewahren und vor dem morgendlichen Dauerlauf nur
schnell in der Pfanne warm machen!

Rührt euch!

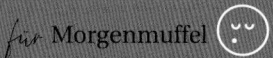

Hirsebrei mit Brombeeren und Trockenbirnen

Zubereitungszeit: 10 Minuten
Mengenangabe: 4 Portionen
Zusatzinfo: Regt die Milz an, hebt die Laune, fördert die Konzentration.

ZUTATEN

100 g Hirsekörner (alternativ Hirseflocken)
450 ml Haselnussmilch
1 Handvoll frische Brombeeren
50 g getrocknete Birnen
1 EL Holunderblütensaft
1 Prise Pfeffer
1 Prise Salz
1 Prise Zimt
Mark von ¼ Vanilleschote
1 Prise Zitronenschale, gerieben

Geistesnahrung

ZUBEREITUNG

1. Die über Nacht eingeweichten Hirsekörner durch ein Sieb abgießen. (Hirseflocken müssen nicht eingeweicht werden).

2. Die Haselnussmilch mit den getrockneten Birnen, dem Vanillemark, Pfeffer, Salz, der Zitronenschale und dem Holunderblütensaft verrühren. Die Hirsekörner oder -flocken dazugeben und 5-6 Minuten auf kleiner Flamme köcheln lassen.

3. Die Masse in Schälchen füllen, mit den Brombeeren belegen, und nach Geschmack mit Zimt, Kokosraspeln oder Kakao bestreuen. Warm genießen!

TIPP

Birnen können einfach im Ofen oder im Dörrgerät getrocknet werden und eignen sich wunderbar als Naschwerk für zwischendurch!

Kürbiskern-Beeren-Granola

Zubereitungszeit: 50 Minuten
Mengenangabe: ca 7-8 Portionen
Zusatzinfo: Das ganze Jahr über ein ideales Frühstück
für die ganze Familie!

ZUTATEN

80 g Mandeln oder Haselnüsse
90 g Cashewnüsse
30 g Hanfsamen (alternativ: Kokosflocken)
20 g Kürbiskerne
2 EL Chiasamen
1 Handvoll Sesamsamen
110 g getrocknete Beeren (z.B. eine Mischung aus
Aroniabeeren, Cranberries, Blaubeeren, oder auch
getrockneten Kirschen ...)
1 Prise Salz
4 EL Mandelbutter (Rezept siehe Seite 24)
60-80 ml Ahornsirup
2 TL Vanilleextrakt
50 ml Kürbiskernöl
1 Prise Muskatnuss

TIPP

Das Granola hält bis zu drei Wochen im
Kühlschrank frisch und kann daher gut im
Voraus zubereitet werden. Ideal als kleine
Zwischenmahlzeit in der Schule oder am
Arbeitsplatz!

ZUBEREITUNG

1. Den Ofen auf 150° C vorheizen. Die Mandeln
   (Haselnüsse) und Cashewnüsse auf ein mit Backpapier
   ausgelegtes Blech legen und 12 Minuten im Rohr
   anrösten.

2. Die Nüsse aus dem Ofen nehmen, auf ein sauberes
   Geschirrtuch legen und fest abrubbeln, sodass der
   Großteil der Haut abfällt. (Wer das Granola mit
   ungeschälten Nüssen genießen möchte, kann diesen
   Schritt auslassen).

3. Die Nüsse grob hacken und in einer großen Schüssel mit
   Chiasamen, Hanfsamen, Kürbiskernen, Sesamsamen,
   Beeren, Muskatnuss und Salz gut durchmischen.

4. In einem kleinen Topf das Kürbiskernöl mit dem Ahornsirup leicht erwärmen, vom Feuer nehmen, den Vanilleextrakt dazugeben und die Mandelbutter mit einem
   Schneebesen einrühren, bis eine glatte Masse entsteht.

5. Diese Masse vorsichtig über die trockenen Zutaten
   gießen und rasch zu einer homogenen Masse
   verarbeiten. Gleichmäßig auf dem Backblech verteilen.

6. Im Ofen bei 150° C 10 Minuten lang trocknen lassen,
   dann das Blech umdrehen, so dass die hintere Blech-
   kante nun vorne ist, und weitere 8-10 Minuten backen,
   bis sich das Granola an den Rändern goldbraun färbt.

7. Aus dem Ofen nehmen und auskühlen lassen.
   In Stücke brechen und in luftdichte Gläser abfüllen.

Papi, nach diesem Frühstück fang ich bestimmt!

Yin Yang Bällchen

Zubereitungszeit: 10 Minuten
Mengenangabe: Für 10 Bällchen
Zusatzinfo: Feigen und Mandeln bringen unsere
Lebensenergie morgens schnell in Schwung.

ZUTATEN

8 Feigen
6 EL Mandelmus
100 g Esskastanien, gekocht
2 EL Kokosflocken
2 EL Chiasamen

Zum Wälzen:
Kakaopulver
Kokosflocken

ZUBEREITUNG

1. Die Feigen in Stücke schneiden und mit dem
   Mandelmus, den Esskastanien, den Kokosflocken und
   den Chiasamen mit einem Stabmixer zu einer festen
   Paste pürieren. Kugeln von etwa 2 cm Durchmesser
   formen.

2. Die eine Hälfte der fertigen Kugeln in Kakaopulver
   wälzen, die andere in Kokosflocken.

TIPP

In luftdichten Behältern und kühl aufbewahrt, halten sich
diese Bällchen tagelang frisch und können gut am Vortag
vorbereitet werden!

Man gönnt sich ja sonst nichts

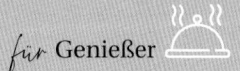

Zucchini-Nuss Cupcakes

Zubereitungszeit: 20 Minuten plus Backen
Mengenangabe: Für 12 Küchlein
Zusatzinfo: Die thermisch kühlenden Zucchinis
helfen Körpersäfte zu produzieren und machen diese
Cupcakes schön saftig.

ZUTATEN

200 g Zucchini
50 ml Traubenöl
10 g Backpulver
150 g Dinkelmehl
150 g Haselnüsse, gemahlen (alternativ: Walnüsse)
5-6 Datteln (alternativ: 80 g Rohrzucker)
2 EL Holundersirup
1 EL Zitronenschale, gerieben
1 EL Anispulver
1 EL Lebkuchengewürz
1 Prise Kurkuma
1 Prise Pfeffer, frisch gemahlen
1 Prise Salz
50 ml Hafer- oder Sojamilch

ZUBEREITUNG

1. Den Ofen auf 180° C vorheizen.

2. Die Zucchinis waschen und mit der Schale reiben. Öl,
    Hafer- oder Sojamilch und den Holunderblütensirup
    darübergießen, zuletzt die entkernten und klein
    geschnittenen Datteln (oder den Zucker) dazugeben.

3. Das Mehl in eine große Schüssel sieben, Pfeffer, Salz,
    Anis und Lebkuchengewürz dazugeben. Backpulver,
    Zitronenschale, Kurkuma und die Haselnüsse einstreuen
    und alles gut vermischen.

4. Die Zucchini- und die Mehlmischung rasch aber
    vorsichtig mit einem Kochlöffel kräftig durchrühren.
    Keinen elektrischen Mixer verwenden, dies würde den
    Teig austrocknen!

5. In feuerfeste Becher oder Muffin-Formen füllen und
    30 Minuten backen.

TIPP

Die Masse kann auch schon am Vorabend in Förmchen
gefüllt werden, so müssen Sie die Küchlein am Morgen nur
noch in den Ofen schieben!

Meine Zucchinis sind morgens in Bestform

Die Lebensmittel und ihre Elemente

木 HOLZ

HOLZ – WARM
Essig
Granatapfel
Grünkern
Hühnerfleisch
Kirschensaft
Kumquat
Petersilie
Pflaume
Umeboshi

HOLZ – NEUTRAL
Backpulver
Dinkel
Hefe
Sauerteig
Zitronenschale
Zwetschke

HOLZ – ERFRISCHEND
Apfel, sauer
Bier
Bierhefe
Brombeere
Brottrunk
Champagner
Eiweiß
Entenfleisch
Erdbeere
Ferment
Frischkäse
Früchtetee, sauer
Fruchtsäfte
Heidelbeere
Himbeere
Joghurt
Johannisbeere/Ribisel
Kaffirlimette/Combava
Kefir
Klementine
Mandarine
Olive, grün
Orange
Preiselbeere
Quark/ Topfen
Sauerkirsche
Sauerkraut
Sauermilch
Sauerrahm/Crème fraiche
Sojajoghurt
Sprossen
Weißwein
Weizen
Zitronenschale

HOLZ – KALT
Ananas
Joghurt
Kiwi
Mungosprossen
Rhabarber
Sauerampfer
Tomate
Weizenkeime
Zitrone

火 FEUER

FEUER – HEISS
Bohnenkraut
Cognac
Fisch, gegrillt
Fleisch, gegrillt
Glühwein
Lammfleisch
Likör, bitter
Schaffleisch

FEUER – WARM
Bockshornklee
Holunderblüte
Kaffee
Kakao
Kurkuma
Mohn
Orangenschale
Paprikapulver
Quinoa, rot
Rosmarin
Schafsmilch und -käse
Thymian
Wacholderbeere
Wein, rot
Ziegenmilch und -käse

FEUER – NEUTRAL
Amarant
Brennnessel
Feldsalat
Olive, schwarz
Rosenkohl/ Kohlsprossen
Rote Rüben

FEUER – ERFRISCHEND
Artischocke
Buchweizen
Endivie
Grüner Salat
Holunderbeere
Löwenzahn
Orangenschale
Oregano
Pampelmuse
Pastinake
Quitte
Radiccio
Roggen
Rucola
Salbei

FEUER – KALT
Tee, schwarz
Tee, grün

土 ERDE

ERDE – WARM
Aprikose/ Marille
Austernpilz
Dattel
Erdnuss
Fenchel
Kastanie
Kirsche
Kürbis
Likör, süß
Paprikaschote, rot
Pfirsich
Pinie
Quinoa
Reis, klebrig, süß
Tapioka
Vanille
Vollrohrzucker
Walnuss
Zimt
Zwiebel, angeröstet

ERDE – NEUTRAL
Bohne, grün/ Fisole
Butter
Cashewnüsse
Ei
Erbse
Estragon
Feige
Gemüsebrühe
Haselnuss
Hirse
Honig
Kalbfleisch
Karotte
Kartoffel
Käse
Kohl
Kokosmilch
Kokosnuss
Korinthe
Kuhmilch
Kürbiskern
Mais
Malz
Mandel
Milch aus Getreide oder Nüssen
Paprikaschote, orange und gelb
Pflaume
Pistazie
Rindfleisch
Rosine
Safran
Sahne, pflanzlich
Schlagsahne/ Schlagobers
Seitan
Sesam
Sonnenblumenkerne
Süßkartoffel
Tahina
Tempeh
Traubensaft
Wachtelfleisch
Wein, süß/ Kochsherry

ERDE – ERFRISCHEND

Apfel, süß
Aubergine
Avocado
Birne
Blumenkohl/ Karfiol
Brokkoli
Brot mit Hefe
Champignon
Chinakohl
Gemüsesaft
Gerste
Kamut
Maisbarttee
Mangold
Melone
Öl
Papaya
Paprikaschote, grün
Schwarzwurzel
Sellerie
Sirup
Sojamilch
Spargel
Spinat
Tofu
Traube
Zucchini
Zucker, weiß

ERDE – KALT

Banane
Fruchtsaft
Gurke
Kiwi
Mango
Wassermelone

METALL – HEISS

Alkohol, stark
Anisstern
Chilipulver
Curry
Ingwer
Muskatnuss
Pfeffer, schwarz/ Cayennepfeffer
Rehfleisch
Senf
Tee mit Gewürzen

METALL – WARM

Basilikum
Dill
Fünf-Gewürzmischung
Gewürznelke
Kardamom
Käse, z.B. Schimmelkäse
Knoblauch
Koriander
Kreuzkümmel
Kümmel
Lauch
Lebkuchengewürz
Liebstöckel
Lorbeerblatt
Meerrettich/ Kren
Schnittlauch
Senf
Wild
Zwiebel, roh

METALL – NEUTRAL

Hafer
Hasenfleisch
Majoran
Reis

METALL – ERFRISCHEND

Gänsefleisch
Kohlrabi
Kresse
Melisse
Minze
Rettich
Truthahnfleisch
Zitronengras

WASSER – WARM

Aal
Barsch
Fisch, geräuchert
Fleisch, geräuchert
Forelle
Gomasio
Hummer
Kabeljau
Lachs
Languste
Muschel
Sardellen
Schinken
Seezunge
Shrimp
Thunfisch

WASSER – NEUTRAL

Azukibohne
Sojabohne, rot, schwarz
Karpfen
Linsen
Schweinefleisch
Trockenerbsen

WASSER – ERFRISCHEND

Sojabohne, gelb
Mungobohne
Kichererbsen
Misopaste
Thunfisch
Olive, schwarz

WASSER – KALT

Agar-Agar
Algen
Auster
Kaviar
Krabbe
Krebs
Mineralwasser
Salz
Sojasauce
Wasser